高等职业教育"十三五"精品规划教材

基础会计模拟实训（单项、综合）
（第二版）

主　编　吴晓燕　陈治敏
副主编　陈莹莹

中国水利水电出版社
www.waterpub.com.cn
·北京·

内 容 提 要

本教材是《基础会计及实训教程》（第三版）的配套辅导实训教材。本实训教材以突出本专业实际工作的基本能力和基本技能为基本原则，依据《基础会计及实训教程》的编写模块，以仿真模拟形式编写了：原始凭证的识别、填制、审核；记账凭证的填制；记账凭证的审核；会计账簿的登记；错账更正；账务处理程序；期末处理；财产清查；财务报表的编制；综合实训共 10 个模拟实训项目，帮助学习者进行全程实务操作演练，提高学习者的会计基本技能的操作能力，为后续会计专业课程学习打下良好基础。

本实训教材适合高职高专会计、财务管理、会计电算化专业学生使用。

图书在版编目（CIP）数据

基础会计模拟实训：单项、综合 / 吴晓燕, 陈治敏主编. -- 2版. -- 北京：中国水利水电出版社, 2017.8
高等职业教育"十三五"精品规划教材
ISBN 978-7-5170-5613-3

Ⅰ. ①基… Ⅱ. ①吴… ②陈… Ⅲ. ①会计学－高等职业教育－教材 Ⅳ. ①F230

中国版本图书馆CIP数据核字(2017)第168929号

策划编辑：石永峰 责任编辑：封 裕 加工编辑：高 静 封面设计：梁 燕

书　名	高等职业教育"十三五"精品规划教材 基础会计模拟实训（单项、综合）（第二版） JICHU KUAIJI MONI SHIXUN (DANXIANG、ZONGHE)
作　者	主　编　吴晓燕　陈治敏 副主编　陈莹莹
出版发行	中国水利水电出版社 （北京市海淀区玉渊潭南路1号D座 100038） 网址：www.waterpub.com.cn E-mail：mchannel@263.net（万水） 　　　　sales@waterpub.com.cn 电话：（010）68367658（营销中心）、82562819（万水）
经　售	全国各地新华书店和相关出版物销售网点
排　版	北京万水电子信息有限公司
印　刷	联城印刷（北京）有限公司
规　格	184mm×260mm　16开本　6印张　145千字
版　次	2013年8月第1版　2013年8月第1次印刷 2017年8月第2版　2017年8月第1次印刷
印　数	0001—3000 册
定　价	28.00 元

凡购买我社图书，如有缺页、倒页、脱页的，本社营销中心负责调换

版权所有·侵权必究

前　言

"基础会计"是高等职业教育会计专业的一门重要的专业基础课程，《基础会计模拟实训（单项、综合）》（第二版）教材是《基础会计及实训教程》（第三版）的配套辅导实训教材。我们自2013年第一次编写本教材以来，根据学生及教师在使用教材中提出的意见以及2016年营改增的全面推行，特对本模拟实训进行第二次修改。修改后的教材依然保留原有教材的结构、形式，只是对部分原始单据或经济业务做了修改或补充，主要体现在：

1. 按照最新企业会计准则及税收法规政策精心设计经济业务事项，让学生对单据、凭证、报表及企业的日常经济业务有更为真实的认知；

2. 自制原始凭证、外来凭证等为企业实际工作中长期使用的通用单证或新版票据，全部仿真，真实感强。

3. 每一实训模块的操作业务具有典型性和代表性，内容设计清晰、简洁，流程设计完整，学生易学，教师易教，是一本实用好用的实训教材。

本实训教材适合高职高专会计、财务管理、会计电算化专业学生使用。尽管我们对本书的撰写做了很多努力，但由于编者水平有限，书中难免存在疏漏或不当之处，敬请各位读者朋友批评指正。

编者
2017年5月

目　　录

前言

实训一　原始凭证的识别、填制、审核 1

实训二　记账凭证的填制 9

实训三　记账凭证的审核 23

实训四　会计账簿的登记 27

实训五　错账更正 31

实训六　账务处理程序 39

实训七　期末处理 41

实训八　财产清查 43

实训九　财务报表的编制 49

实训十　综合实训 55

实训一　原始凭证的识别、填制、审核

一、识别原始凭证

（一）实训目的：掌握原始凭证的基本内容。
（二）实训要求：根据下列资料说出原始凭证所反映的经济内容。
（三）实训资料：凯丰工厂部分原始凭证如下：

【1.1】

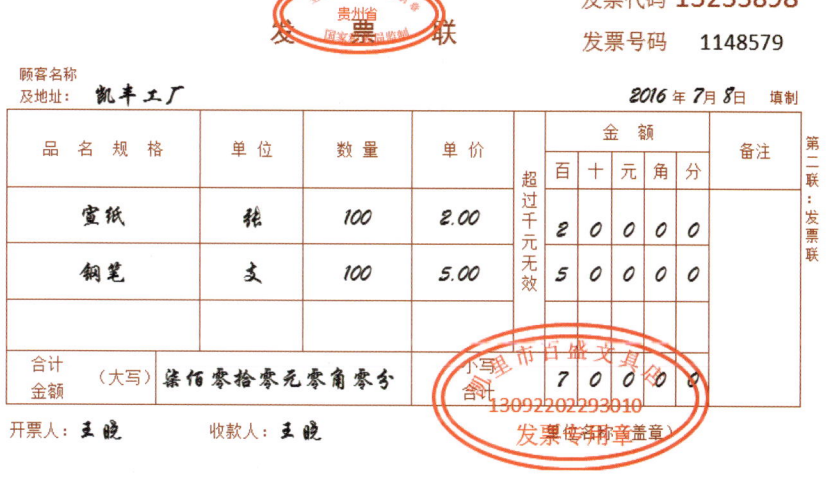

【1.2】

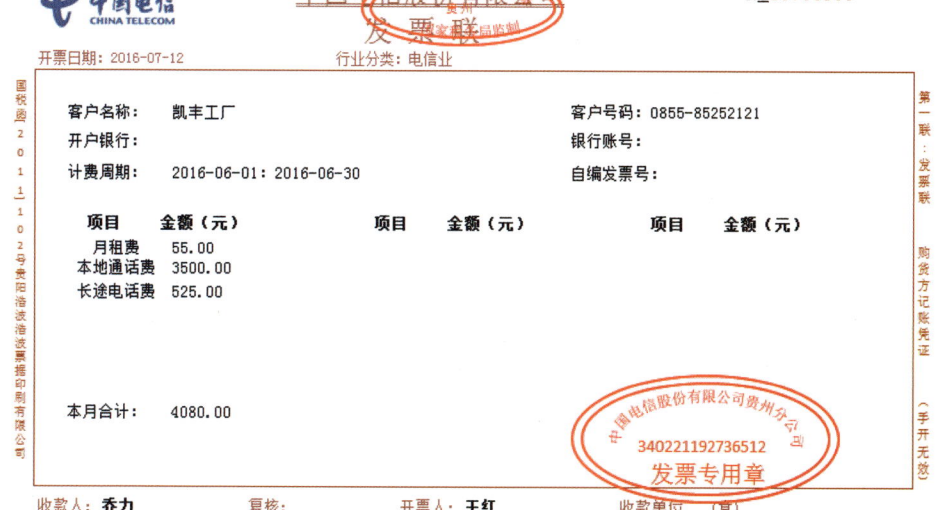

【1.3】

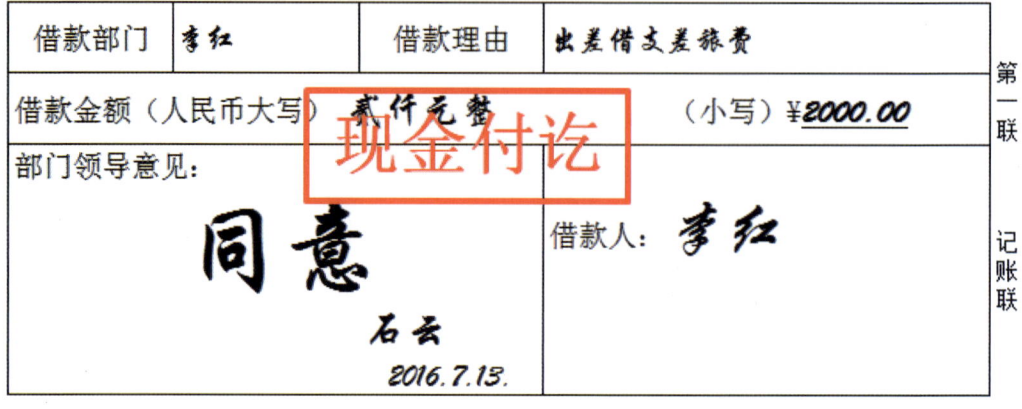

【1.4】

3300133130　　　　　贵州增值税专用发票　　　No 18700564

				开票日期：2016年7月14日
购货单位	名　　称：凯丰工厂 纳税人识别号：280602002234678 地址、电话：凯里市凯开大道109号2133666 开户行及账号：工行凯里分行1801001122200100888		密码区	2*/893>79/*208*328>01*2390328<329* 032-93<2/93*2<9/-32*9- 00003>>>29*/*3293*939/329/329/3- 2<<9*32*832*9/3289*3/-2<68*66*2132

货物或应税劳务名称	规格型号	单位	数量	单价	金额	税率	税额
甲材料		千克	1000	20.00	20000.00	17%	3400.00
合计					¥20000.00		¥3400.00
价税合计（大写）		贰万叁仟肆佰元整			（小写）　¥23400.00		

| 销货单位 | 名　　称：前进工厂
纳税人识别号：340221192736512
地址、电话：凯里市长江路32号0189-2815667
开户行及账号：工行河西分行　732001254892764 | | 备注 | 前进工厂
340221192736512
发票专用章 |

收款人：刘军　　　复核：　　　开票人：陈晨　　　销售单位（章）

【1.5】

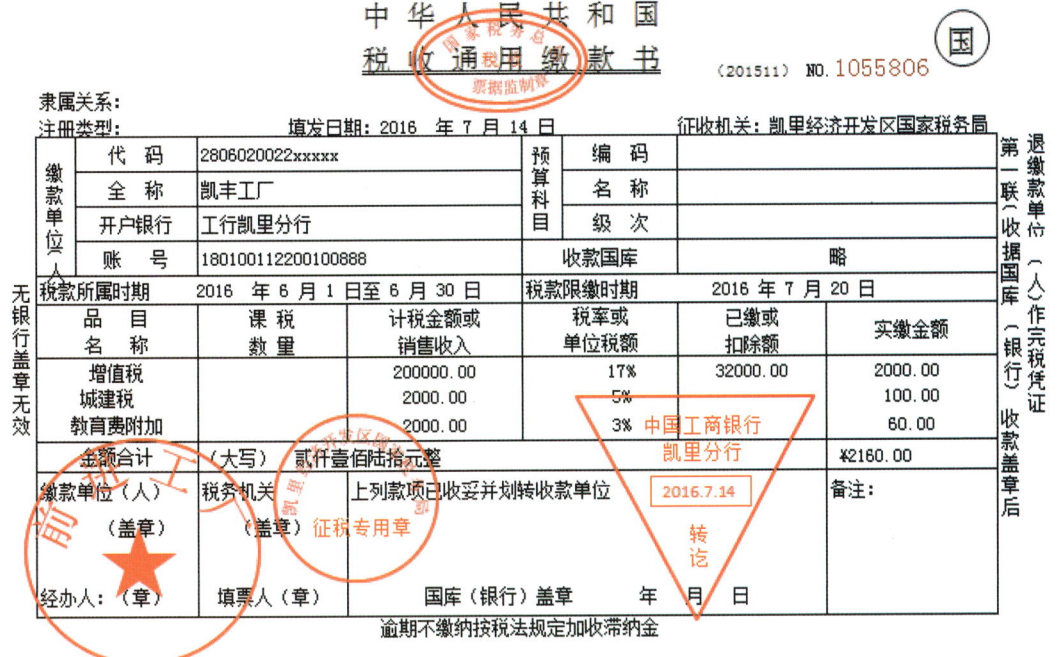

【1.6】

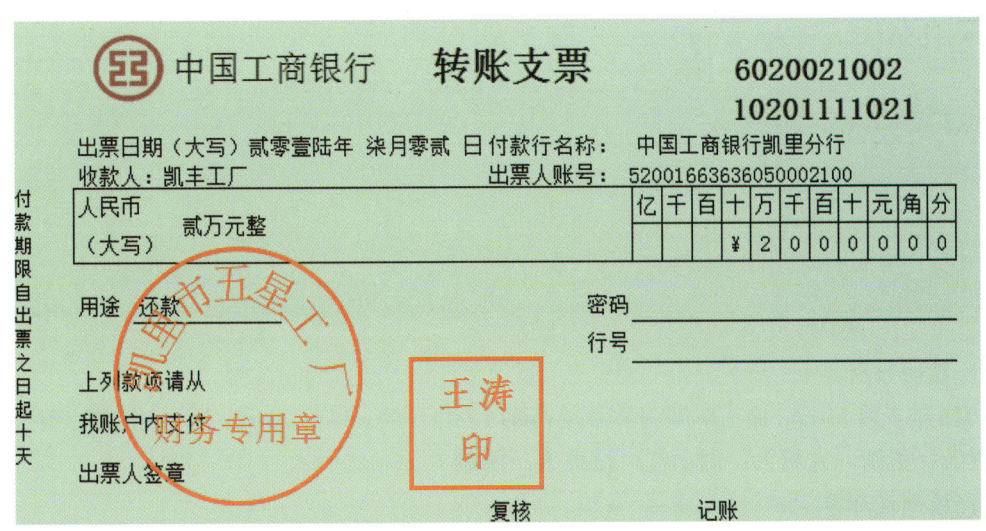

【1.7】

贵州省服务业定额发票
发票联　　代码2522522222
　　　　　票号0002020

客户名称：＿＿＿＿＿　服务项目：＿＿＿＿＿

人民币金额：　　　　　　备注

壹佰元整

（报销凭证）¥100.00元

凯里腾龙酒店
6020202000000011
发票专用章

收款单位（盖章）　收款人：　　年　月　日
举报电话：（0851）8222222

二、原始凭证的填制

（一）实训目的：掌握原始凭证的填制方法。

（二）实训要求：根据下列资料填制原始凭证。

（三）实训资料：企业名称：凯丰工厂　开户银行：工商银行凯里分行　账号：50004208

1. 填制现金支票

2016年7月1日，凯丰工厂出纳员填制现金支票，提取2 000元备用金。

2. 填制领料单

2016年7月13日，加工车间张林领用圆钢1 000千克，单价35元，用于加工生产产品（车间负责人：王新，发料人：刘小红，核准人：陈晨）。

3. 填制进账单

2016年7月18日，凯丰工厂将销售商品所得转账支票一张，金额20 000元存入银行。出纳员填制进账单（购货方：市中心商场，账号：526623542，开户行：工商银行凯里分行）。

领 料 单

领料单位：　　　　　　　　　　　　　年　月　日　　　　　　　　　　　字第 1469 号

材料编号	材料名称	规格	单位	请领数量	实发数量	单价	金额

用途	车床	领料部门		发料部门	
		负责人	领料人	核准人	发料人

中国工商银行　进账单（收账通知）　3

年　月　日

出票人	全　称		收款人	全　称		亿 千 百 十 万 千 百 十 元 角 分
	账　号			账　号		
	开户银行			开户银行		
金额	人民币（大写）					

票据种类		票据张数	
票据号码			

复核　　　记账　　　　　　　　　　　　　收款人开户银行签章

此联是收款人开户行交给收款人的收账通知

4. 填写差旅费报销单

2016 年 7 月 22 日，供销科张阳从武汉出差归来，报销差旅费 2 200 元（起止日期：7 月 15 日—7 月 21 日）。其中，火车票来回各 1 张，每张金额 210 元；市内交通单据 8 张，金额 120 元；住宿 4 天，金额 960 元；伙食补助 700 元。张阳原预借差旅费 2 000 元，补付现金 200 元。

差 旅 费 报 销 单

年　月　日

出差人：					事由：							
起止时间及地点					交通费			出差补贴			其他	
月	日	起点	月	日	终点	交通工具	单据张数	金额	项目	人数	天数	补贴标准	金额	项目	金额
														住宿费	
合计（大写）								￥	预支旅费			退回金额 补领金额	

附单据　　张

5. 填写增值税发票

2016 年 7 月 24 日，凯丰工厂向市腾达电机公司（开户行：工商银行中心支行，账号：121538624389）销售产品 XM 机床 3 台，单价 12 000 元 / 台。

6. 填制现金缴款单

2016 年 7 月 26 日，凯丰工厂出纳员将当天销售款现金 53 000 元存入银行（面额百元 500 张、五十元 20 张、其余为十元）。

三、原始凭证的审核

（一）实训目的：掌握原始凭证的审核。

（二）实训要求：对下列原始凭证逐一进行审核。

（三）实训资料：凯丰工厂 2016 年 7 月发生的几项经济业务及下列原始凭证。

1. 供销科采购员张伟 7 月赴上海参加商品交易会，7 月 5 日填写借款单一份，预借差旅费 5 000 元。

借 款 借 据

2016年7月5日

借款部门	厂部	借款人	张伟	借款理由	参加上海商品交易会
借款金额（人民币大写）	伍仟元整			（小写）¥5000.00	
领导批示： 同意 李军 2016.7.5.		财务负责人：		借款部门负责人：	

经办人：潘洁

2. 7月10日，本单位在腾龙酒店招待客户，报销以现金支付的业务招待费 2 823 元。

贵州增值税专用发票　　No 18700599

3300133130

开票日期：2016年7月10日

购货单位	名　　称：	凯丰工厂	密码区	2*/893>79/*208*328>01*2390328<329 /032-93/2/93*2<9/-32*9- 00003>>>29*/*3293*939*329/329/3- 2<<9*32*832*9/3289*3/- 2<68*66*2132
	纳税人识别号：	332521042522454		
	地　　址、电话：	凯里市永丰路东方大厦340号，2623256		
	开户行及账号：	工行凯里支行180100112200100999		

货物或应税劳务名称	规格型号	单位	数量	单价	金额	税率	税额
餐费					2663.20	6%	159.80
合计							

价税合计（大写）	贰仟捌佰贰拾叁元整	（小写）¥2823.00

销货单位	名　　称：		备注
	纳税人识别号：	340221192736512	
	地　　址、电话：	凯里市长江路32号2815667	
	开户行及账号：	工行凯里分行 732001254892764	

收款人：　　　　　复核：　　　　　开票人：　　　　　销货单位（章）

3. 7月15日，从市新鑫公司购进甲材料 1 000 公斤，单价 100 元，金额 100 000 元，税额 17 000 元，取得的增值税发票如下：

4．7月18日，开出转账支票一张支付前欠宏达公司货款50 000元（开户银行：工商银行凯里分行，账号：050004208）。

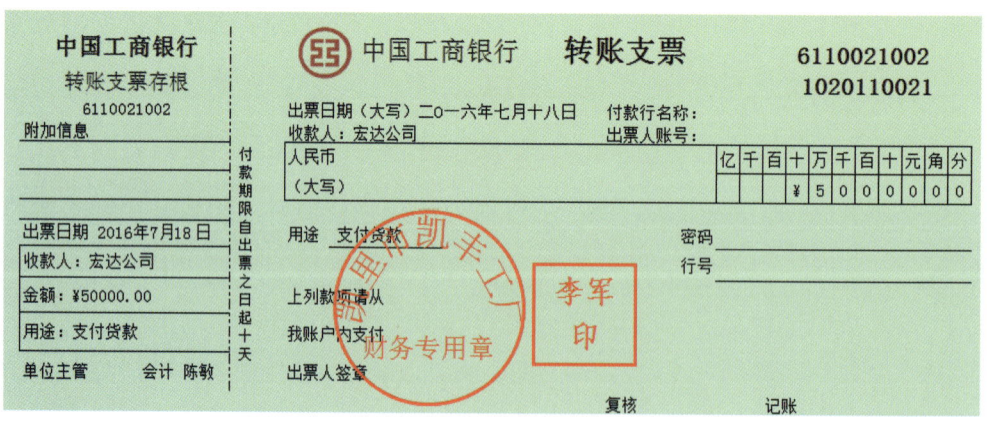

5．7月20日，人事科李红结束省人事工作会议，报销差旅费，填写报销单如下：

实训二　记账凭证的填制

一、收款凭证、付款凭证、转账凭证的填制

（一）实训目标：掌握收款凭证、付款凭证、转账凭证的填制。

（二）实训要求：根据各项经济业务的原始凭证，填制收款凭证、付款凭证、转账凭证。

（三）实训资料：凯丰工厂2016年7月份发生下列经济业务：

1. 7月2日，收到支票一张，系市五星工厂归还前欠货款20 000元。

收款凭证

借方科目：　　　　　　　　　　　　年　月　日　　　　　　　收字　　号

摘　要	应贷科目		金　额							
	总账科目	明细科目	十	万	千	百	十	元	角	分
合　计										

记账　　　　出纳　　　　复核　　　　制单

2．7月5日，向前进工厂购入甲材料，价款20 000元，增值税3 400元，全部款项以转账支票支付。材料已验收入库。

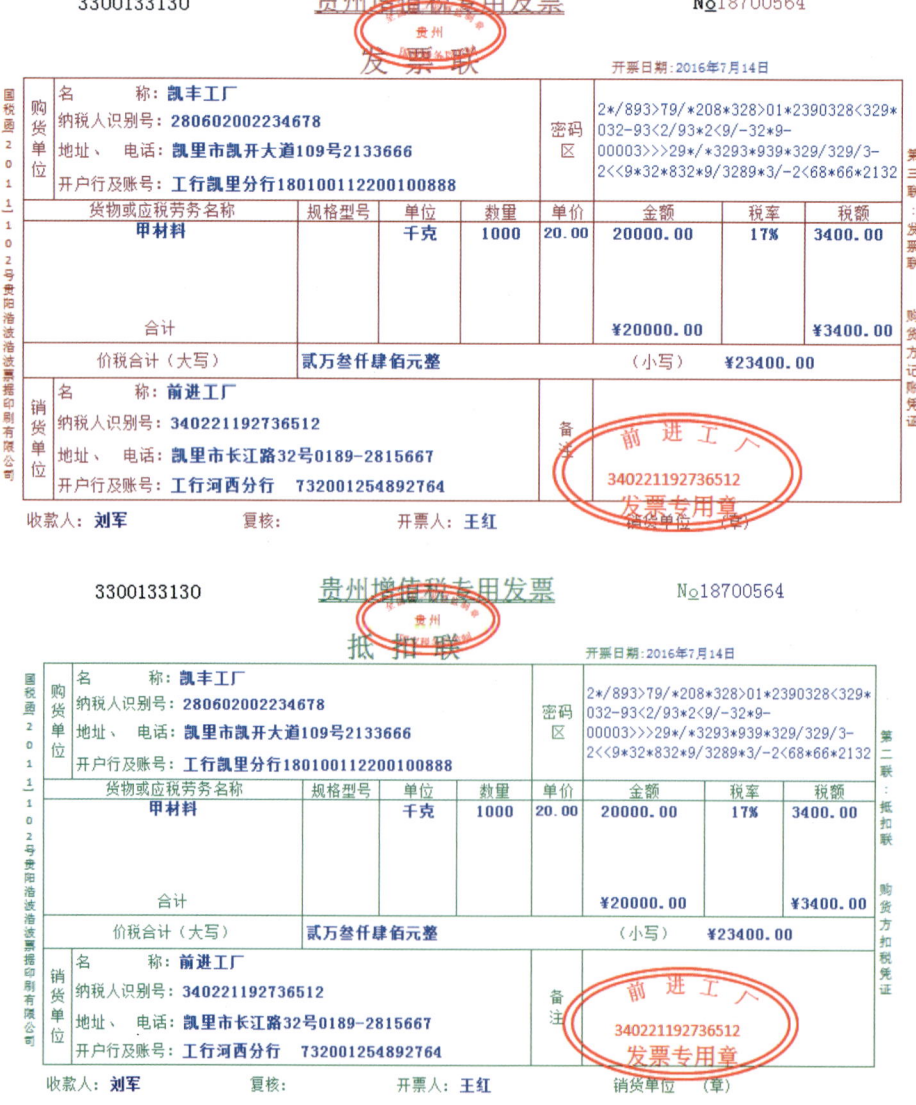

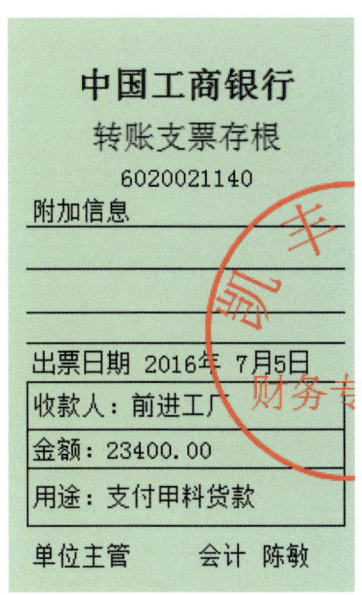

收料单

材料科目：原材料　　　　　　　　　　　　　　　　　　　　　编号：1201
材料类型：原料及主要材料　　　　　　　　　　　　　　　　　收料仓库：1号仓库
供应单位：前进工厂　　　　　2016年7月5日　　　发票号码：18700564

材料编号	材料名称	规格	计量单位	数量		实际成本			
				应收	实收	单价	发票金额	运费	合计
	甲材料		千克	1000	1000	20.00	20000.00		20000.00
备注									

采购员：王芳　　　检验员：周波　　　记账员：李丽　　　保管员：周华

付款凭证

贷方科目：　　　　　　　　　年　月　日　　　　　　付字　号

摘要	应借科目		金额							
	总账科目	明细科目	十	万	千	百	十	元	角	分
	合　计									

记账　　　出纳　　　复核　　　制单

3．7月9日，从银行提取现金1500元。

付款凭证

贷方科目：		年 月 日		付字 号	
摘 要	应借科目		金 额		
	总账科目	明细科目	十万千百十元角		
					附件
					张
	合 计				

记账　　　　出纳　　　　复核　　　　制单

4. 7月14日，销售A产品一批售价30 000元，增值税5 100元，收到转账支票一张。

中国工商银行 进账单（回单） 3

2016 年 7 月 14 日

出票人	全 称	凯里市五星工厂	收款人	全 称	凯丰工厂
	账 号	52001663636050002100		账 号	52001366363605004208
	开户银行	工商银行凯里分行		开户银行	工商银行凯里分行

金额	人民币（大写）	叁万伍仟壹佰元整	亿千百十万千百十元角分
			¥ 3 5 1 0 0 0 0

票据种类	转账支票	票据张数	壹
票据号码			

（中国工商银行 凯里分行 2016.07.14. 转讫）

张美心

复核　　记账　　　　　　　收款人开户银行签章

此联是收款人开户行交给收款人的收账通知

收款凭证

借方科目：　　　　　　　　　年　月　日　　　　　收字　号

摘　要	应贷科目		金　额								
	总账科目	明细科目	十	万	千	百	十	元	角		
											附件　　张
合　计											

记账　　　　出纳　　　　　　复核　　　　　　制单

5．7月20日，一车间领甲材料10 000元用以生产A产品。

领料单

字第36号

领料部门：一车间　　　　2016年 7月 20日

品　名	规格型号	单位	数量		单价	金额
			请领	实领		
甲材料		千克	500	500	20.00	10000.00
用　途	A产品加工					

领料部门负责人　周军　　　领料人　陈英　　　记账　王明　　　发料人　文雯

转账凭证

年　月　日　　　　　　　　　　转字　　号

摘　要	总账科目	明细科目	借方金额	贷方金额
			十 万 千 百 十 元 角 分	十 万 千 百 十 元 角 分
	合　计			

记账　　　　　出纳　　　　　　复核　　　　　　制单

附件　　张

6．7月23日，管理人员王刚出差回来，报销差旅费1 880元，交回现金120元。

收 款 收 据　　No.0001155

2016 年 7 月 23 日

收款单位	凯丰工厂	交款人	职工王刚
金额（大写）	壹佰贰拾元整		百十万千百十元角分　¥12000
事由	差旅费多余款，冲王刚原借款2000元。		
收款单位	主管	会计	出纳 潘洁

（凯丰工厂财务专用章）

差旅费报销单

2016年7月23日　填

月	日	时间	出发地	月	日	时间	到达地	机票费	车船费	卧铺费	夜行车补助 小时 金额	市内交通费 实支 包干	住宿费 标准 实支 天数	出差补助 金额	其他	合计
7	14		凯里	7	14		长沙	200.00						30.00		230.00
7	15		长沙	7	18								600.00 580.00	400.00		1580.00
7	19		长沙	7	19		凯里	200.00						30.00		230.00
		合计						400.00					600.00 580.00	400.00		1880.00

报销金额（大写）人民币：壹仟捌佰捌拾元零角零分　预借金额 2000.00
出差任务：到长沙出差　单位领导 同意 郭朝阳7.23．部门负责人 陈宫　出差人 王刚　报销金额 1580.00　结余或超支 120.00
会计主管 李祥　　记账　　出纳 王洪　　附单据9张

（现金收讫）

收款凭证

借方科目：　　　　　　　　　　年　月　日　　　　　　　　收字　　号

摘　要	应贷科目		金　额								
	总账科目	明细科目	十	万	千	百	十	元	角	分	
											附件
											张
合　计											

记账　　　　出纳　　　　　　复核　　　　　　　　制单

转账凭证

年　月　日　　　　　　　　转字　　号

摘　要	总账科目	明细科目	借方金额								贷方金额								
			十	万	千	百	十	元	角	分	十	万	千	百	十	元	角	分	
																			附件
																			张
合　计																			

记账　　　　出纳　　　　　　复核　　　　　　　　制单

7．7月24日，销售给宏达公司B产品一批，售价40 000元，增值税6 800，货款未收。

33001332	贵州增值税专用发票					No 1870011		
	此联不作报销、扣税凭证使用					开票日期：2016年7月24日		
购货单位	名　　称	宏达公司				密码区	6*/893>79/*208*328>23-9*2390328<329*032-93<2/93*2</9/32*9-03>>>29*/*3293*939*329/329/3-2<<9*32*832*9/3289*3/-2<<<68*66***6/6//	
	纳税人识别号	360801001199						
	地址、电话	凯里市韶南路-2779600						
	开户行及账号	工行凯里分行520150200680000						
货物或应税劳务名称	规格型号	单位	数量	单价	金额		税率	税额
B产品		件	200	200	40000.00		17%	6800.00
合　计					¥40000.00			¥6800.00
价税合计（大写）		肆万陆仟捌佰元整			（小写）		¥46800.00	
销货单位	名　　称	凯丰工厂			备注			
	纳税人识别号	280602002213678						
	地址、电话	凯里市凯开大道109号2133666						
	开户行及账号	工行凯里分行 520013663636050004208						

收款人：　　　　复核：　　　　开票人：许月宏　　　　销货单位：（章）

转账凭证

年　月　日　　　　　转字　号

摘要	总账科目	明细科目	借方金额 十万千百十元角分	贷方金额 十万千百十元角分
合计				

记账　　　　出纳　　　　复核　　　　制单

附件　　张

8. 7月27日，开出支票支付电话费4 080元。

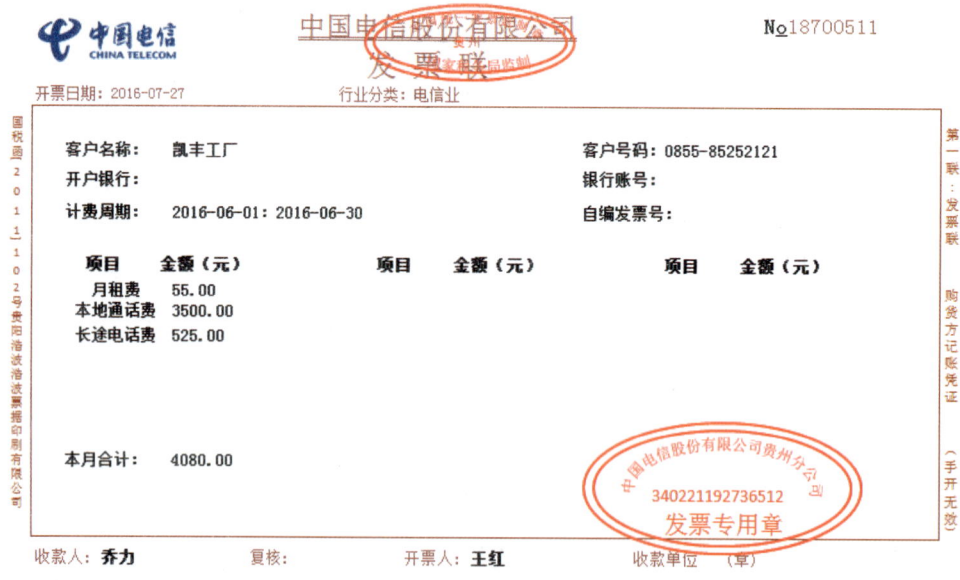

付款凭证

贷方科目：　　　　　　　　　年　月　日　　　　　付字　号

摘要	应借科目		金额							
	总账科目	明细科目	十	万	千	百	十	元	角	
										附件　　张
		合　计								

记账　　　出纳　　　复核　　　制单

9. 7月28日，厂部购买办公用品700元，付现金。

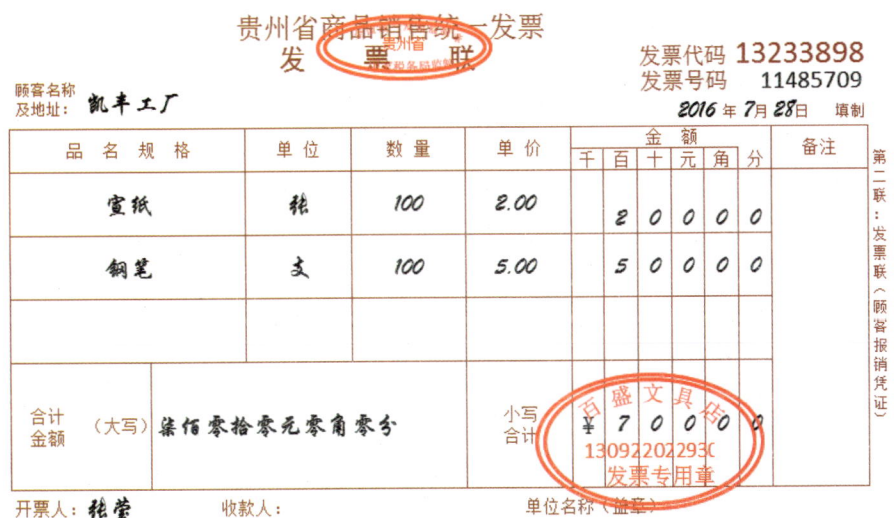

付款凭证

贷方科目：　　　　　　　　　年　月　日　　　　　付字　号

摘要	应借科目		金额							
	总账科目	明细科目	十	万	千	百	十	元	角	
										附件　　张
		合　计								

记账　　　出纳　　　复核　　　制单

实训二　记账凭证的填制

10. 7月29日，收到转账支票一张，为远大公司投入本企业资金 200 000 元。

收 款 收 据　　　　　　　　　　　　　　　　　No.00011559

2016 年 7 月 29 日

| 收款单位 | 凯丰工厂 | | 交款单位 | 远大公司 |

| 金额（大写） | 贰拾万元整 | 百十万千百十元角分 ¥ 2 0 0 0 0 0 0 0 |

| 事由 | 货币资金投资。（转账支票） |

收款单位　　　　主管　　　　会计　　　　出纳　陈敏

（财务专用章：凯丰工厂）

中国工商银行　转账支票　　202007777　　1020888

出票日期（大写）贰零壹陆年柒月贰拾玖日　付款行名称：工商银行凯里分行
收款人：凯丰工厂　　　出票人账号：52001663636050002100

人民币（大写）贰拾万元整　　亿千百十万千百十元角分　¥ 2 0 0 0 0 0 0 0

用途　投资　　　　　密码_____　行号_____

上列款项请从我账户内支付
出票人签章

付款期限自出票之日起十天

（财务专用章：远大公司）　　复核　陈江印　　记账

收款凭证

借方科目：　　　　　　年　月　日　　　　收字　号

摘 要	应贷科目		金 额
	总账科目	明细科目	十万千百十元角
合　计			

记账　　　出纳　　　复核　　　制单

附件　　张

二、通用记账凭证的填制

（一）实训目的：掌握通用记账凭证的填制。

（二）实训要求：根据上述凯丰工厂 7 月份经济业务的原始凭证，填制通用记账凭证。

1.

记账凭证

年　　月　　日　　　　　　　　记字　　号

摘　要	总账科目	明细科目	借方金额								贷方金额								
			十	万	千	百	十	元	角	分	十	万	千	百	十	元	角	分
	合　计																	

记账　　　　出纳　　　　　　复核　　　　　　制单

2.

记账凭证

年　　月　　日　　　　　　　　记字　　号

摘　要	总账科目	明细科目	借方金额								贷方金额								
			十	万	千	百	十	元	角	分	十	万	千	百	十	元	角	分
	合　计																	

记账　　　　出纳　　　　　　复核　　　　　　制单

3.

记账凭证

年　　月　　日　　　　　　　　记字　　号

摘　要	总账科目	明细科目	借方金额								贷方金额								
			十	万	千	百	十	元	角	分	十	万	千	百	十	元	角	分
	合　计																	

记账　　　　出纳　　　　　　复核　　　　　　制单

4.

记账凭证

年　　月　　日　　　　　　　　　记字　　号

摘　要	总账科目	明细科目	借方金额									贷方金额								
			十	万	千	百	十	元	角	分	十	万	千	百	十	元	角	分
合　计																		

记账　　　　　出纳　　　　　　　复核　　　　　　　制单

附件　　张

5.

记账凭证

年　　月　　日　　　　　　　　　记字　　号

摘　要	总账科目	明细科目	借方金额									贷方金额								
			十	万	千	百	十	元	角	分	十	万	千	百	十	元	角	分
合　计																		

记账　　　　　出纳　　　　　　　复核　　　　　　　制单

附件　　张

6.

记账凭证

年　　月　　日　　　　　　　　　记字　　号

摘　要	总账科目	明细科目	借方金额									贷方金额								
			十	万	千	百	十	元	角	分	十	万	千	百	十	元	角	分
合　计																		

记账　　　　　出纳　　　　　　　复核　　　　　　　制单

附件　　张

7.

记账凭证

　　　　年　月　日　　　　　　　　　记字　　号

摘　要	总账科目	明细科目	借方金额									贷方金额								
			十	万	千	百	十	元	角	分	十	万	千	百	十	元	角	分
合　计																		

附件　张

记账　　　　出纳　　　　　　复核　　　　　　制单

8.

记账凭证

　　　　年　月　日　　　　　　　　　记字　　号

摘　要	总账科目	明细科目	借方金额									贷方金额								
			十	万	千	百	十	元	角	分	十	万	千	百	十	元	角	分
合　计																		

附件　张

记账　　　　出纳　　　　　　复核　　　　　　制单

9.

记账凭证

　　　　年　月　日　　　　　　　　　记字　　号

摘　要	总账科目	明细科目	借方金额									贷方金额								
			十	万	千	百	十	元	角	分	十	万	千	百	十	元	角	分
合　计																		

附件　张

记账　　　　出纳　　　　　　复核　　　　　　制单

10.

记账凭证

年　月　日　　　　　　　记字　　号

摘要	总账科目	明细科目	借方金额 十万千百十元角分	贷方金额 十万千百十元角分
合　计				

附件　　张

记账　　　　　出纳　　　　　　复核　　　　　　　制单

实训三 记账凭证的审核

（一）实训目的：掌握记账凭证的审核内容。

（二）实训要求：根据下述经济业务的原始凭证对记账凭证进行审核，并指出所存在的问题。

（三）实训资料：凯丰工厂 2016 年 5 月 31 日发生的经济业务的原始凭证审核无误，该公司会计人员根据原始凭证的记账凭证及所附原始凭证如下：

1. 开支票支付广告费。

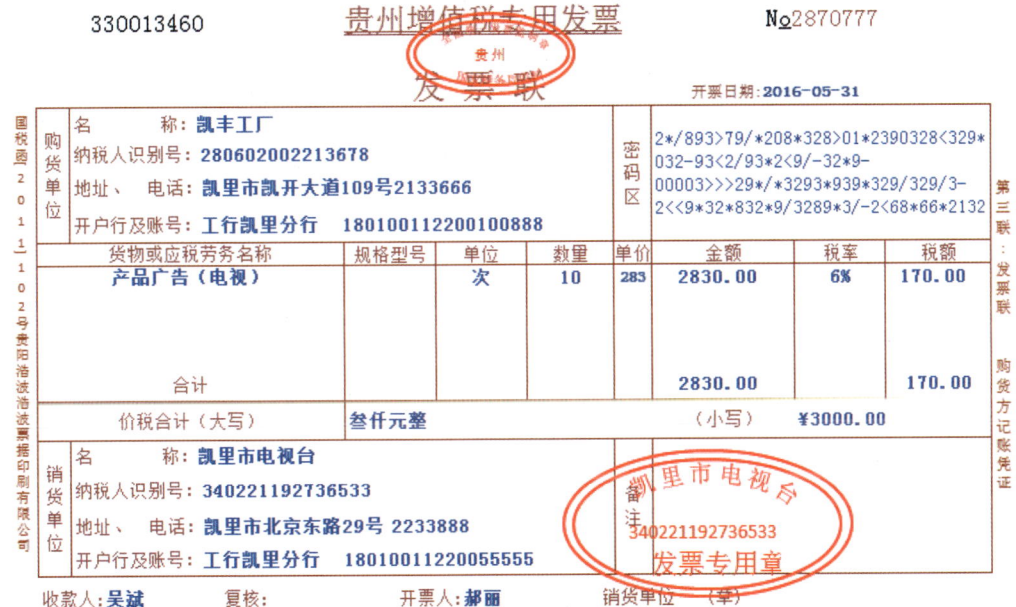

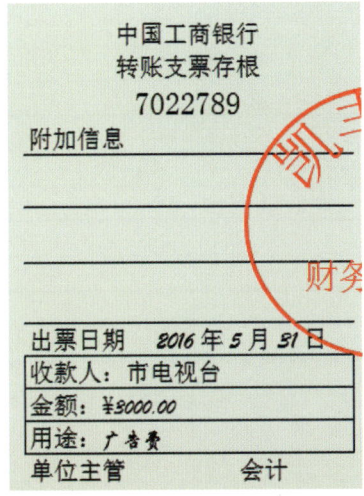

付款凭证

贷方科目：银行存款　　2016年5月31日　　付字13号

摘要	应借科目		金额							
	总账科目	明细科目	十	万	千	百	十	元	角	
支付广告费	销售费用	广告费		3	0	0	0	0	0	附件2张
合　计				3	0	0	0	0	0	

记账　　出纳　　复核　　制单

2. 向银行借款，存入银行存款户。

中国工商银行
借款凭证（回单）　3

单位编号：0202　　日期：2016年5月31日　　银行编号：11113

借款人	名称	凯丰工厂		收款人	名称	凯丰工厂
	账号	0275256311111			账号	0275256888888
	开户银行	中国工商银行凯里分行			开户银行	中国工商银行凯里分行

借款期限（最后还款日）	2017年5月31日	利率	12.00%	起息日期	
借款申请金额	人民币（大写）	捌万元整			￥80000.00
借款原因及用途	生产周转借款		银行核定金额		￥80000.00

期限	计划还款日期	计划还款金额	分次还款记录	期次	还款日期	还款金额	结欠
1							
2							
3							
4							

备注：　　　　上述借款业务已同意贷给并转入你单位往来账户，借款到期时应按期归还。

（中国工商银行凯里分行　转讫　张美心）

（银行盖章）

收款凭证

借方科目：银行存款　　2016年5月31日　　银收字17号

摘要	应贷科目		金额							
	总账科目	明细科目	十	万	千	百	十	元	角	
向银行借入生产周转借款	长期借款			8	0	0	0	0	0	附件1张
合　计			￥	8	0	0	0	0	0	

记账　　出纳　　复核　　制单 陈敏

3．月末结转分配工资。

工资结算汇总表

2012 年 5 月 31 日

部门	计时工资	计件工资	津贴	奖金	应扣工资		应付工资
					事假	病假	
生产 A 产品		32 000	20 000	8 100	60	40	60 000
生产 B 产品		28 000	10 000	2 000			40 000
车间管理人员	23 500						23 500
行政管理人员	16 500						16 500
合计	40 000	60 000	30 000	10 100	60	40	140 000

制单：陈敏

转账凭证

2016年 5月 31日　　　　转字 6号

摘要	总账科目	明细科目	借方金额								贷方金额								
			十	万	千	百	十	元	角	分	十	万	千	百	十	元	角	分
分配工资	生产成本			9	0	0	0	0	0	0								
	制造费用				2	3	5	0	0	0								
	管理费用				1	6	5	0	0	0								
	工资											1	3	0	0	0	0	0	0
	合　计			1	3	0	0	0	0	0		1	3	0	0	0	0	0	0

附件 1 张

记账 陈敏　　　出纳 王林　　　复核 石伟　　　制单 陈敏

随手笔记

实训四 会计账簿的登记

(一)实训目的:掌握各类账簿的登记方法。

(二)实训要求:

1. 登记现金日记账和银行存款日记账并结出每日发生额、余额及本月发生额和余额。

2. 登记"原材料"总账和"原材料—A 材料""原材料—B 材料"明细账户,结出本月发生额和余额,并进行账账核对。

3. 登记"制造费用"和"管理费用"明细账户。

(三)实训资料:某企业 2016 年 6 月发生了 19 笔经济业务,并已填制了记账凭证(会计分录簿代替)如下表所示:

2016 年		凭证种类	摘 要	会计科目	借方余额	贷方余额
月	日					
6	1	现付 1	(略)	其他应收款—张华 库存现金	3 000	3 000
	5	银付 1		在途物资—A 材料 银行存款	40 000	40 000
	6	转账 1		原材料—A 材料 在途物资—A 材料	15 000	15 000
	8	银付 2	——	应付账款—腾龙公司 银行存款	15 000	15 000
	10	银付 3		现金 银行存款	5 000	5 000
	12	银收 1		银行存款 主营业务收入	180 000	180 000
	15	现付 2		管理费用—办公费 制造费用—办公费 库存现金	800 200	1 000
	16	现收 1		库存现金 主营业务收入	800	800
	18	银付 4		销售费用—广告费 银行存款	50 000	50 000
	21	银付 5		原材料—B 材料 银行存款	35 000	35 000
	22	银付 6		原材料—A 材料 　　　—B 材料 银行存款	10 000 20 000	30 000

续表

2016年		凭证种类	摘要	会计科目	借方余额	贷方余额
月	日					
	22	现收2 转账2		管理费用 现金 其他应收款—张华	2800 200	3 000
	26	银付7		营业外支出—捐赠 银行存款	20 000	20 000
	30	转账3		管理费用 制造费用 原材料—A材料 　　　—B材料	5 000 35 000	10 000 30 000
	30	转账4		管理费用—折旧 制造费用—折旧 累计折旧	4 000 6 000	10 000
	30	转账5		生产成本—甲产品 　　　—乙产品 管理费用 制造费用 应付职工薪酬—工资	24 000 36 000 18 000 8 000	86 000
	30	转账6		生产成本—甲产品 　　　—乙产品 制造费用	11 000 38 200	49 200
	30	转账7		主营业务收入 本年利润	180 800	180 800
	30	转账8		本年利润 主营业务成本 管理费用 销售费用 营业外支出	167 600	68 000 29 600 50 000 20 000

现金日记账

2016年		凭证号数	摘要	借方	贷方	借或贷	余额
月	日						
6	1		期初余额			借	4 000

银行存款日记账

2016年		凭证号数	摘要	借方	贷方	借或贷	余额
月	日						
6	1		期初余额			借	100 000

原材料总账

2016年		凭证号数	摘要	借方	贷方	借或贷	余额
月	日						
6	1		期初余额			借	32 000

原材料明细账

货号___ 品名 __A__ 计数单位 __kg__ 备注

2016年		凭证号数	摘要	借方			贷方			结存		
月	日			数量	单价	金额	数量	单价	金额	数量	单价	金额
6	1		期初结存							600	20	12 000

原材料明细账

货号____ 品名_B___ 计数单位_kg___ 备注_____

2016年		凭证号数	摘要	借方			贷方			结存		
月	日			数量	单价	金额	数量	单价	金额	数量	单价	金额
6	1		期初结存							500	40	20 000

制造费用明细账

年		凭证号数	摘要	借方					合计	贷方	余额
月	日										

管理费用明细账

年		凭证号数	摘要	借方						合计
月	日									

实训五　错账更正

（一）实训目的：掌握错账更正方法。
（二）实训要求：根据下列资料，分别采用适当的方法更正错误。
（三）实训资料：

1. 支付下半年厂部财产保险费。

PICC 中国人民保险

保险费收据　　　　　　　　NO.02021

兹收到　凯丰工厂（7－12月）
保险费（金额）：人民币　捌仟元整　　￥8000.00

财产保险费

PICC中国人民保险
黔东南分公司
2016年7月1日
业务专用章

主管：王伟　　　复核：　　　　经办：周伟

记账凭证

2016年7月1日　　　　　记字1号

摘要	总账科目	明细科目	借方金额 十万千百十元角分	贷方金额 十万千百十元角分	
支付厂部财产保险费	管理费用	财产保险费	8 0 0 0 0 0		附件2张
	银行存款			8 0 0 0 0 0	
	合　计		￥8 0 0 0 0 0	8 0 0 0 0 0	

记账 陈敏　　出纳 王林　　复核 石伟　　制单 陈敏

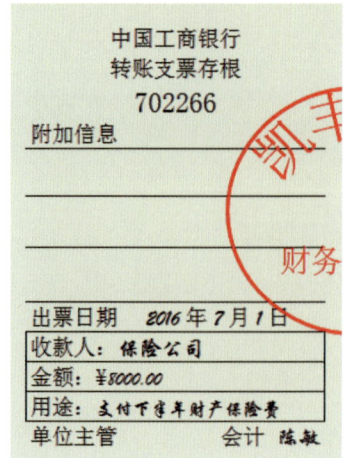

记账凭证

年　　月　　日　　　　　　　　　　　　　记字　　号

摘　要	总账科目	明细科目	借方金额									贷方金额								
			十	万	千	百	十	元	角	分	十	万	千	百	十	元	角	分
	合　计																	

记账　　　　　出纳　　　　　　复核　　　　　　制单

记账凭证

年　　月　　日　　　　　　　　　　　　　记字　　号

摘　要	总账科目	明细科目	借方金额									贷方金额								
			十	万	千	百	十	元	角	分	十	万	千	百	十	元	角	分
	合　计																	

记账　　　　　出纳　　　　　　复核　　　　　　制单

银行存款 日记账

2016年		凭证号数	摘要	借方	贷方	借或贷	余额
月	日						
7	1	记1	支付7-12月份财产保险费		8 000	借	134 000

总 账

会计科目 管理费用

2016年		凭证号数	摘要	借方	贷方	借或贷	余额
月	日						
7	1	记1	支付7-12月份财产保险费	8 000		借	8 000

2．7月14日支付电视广告费20 000元。

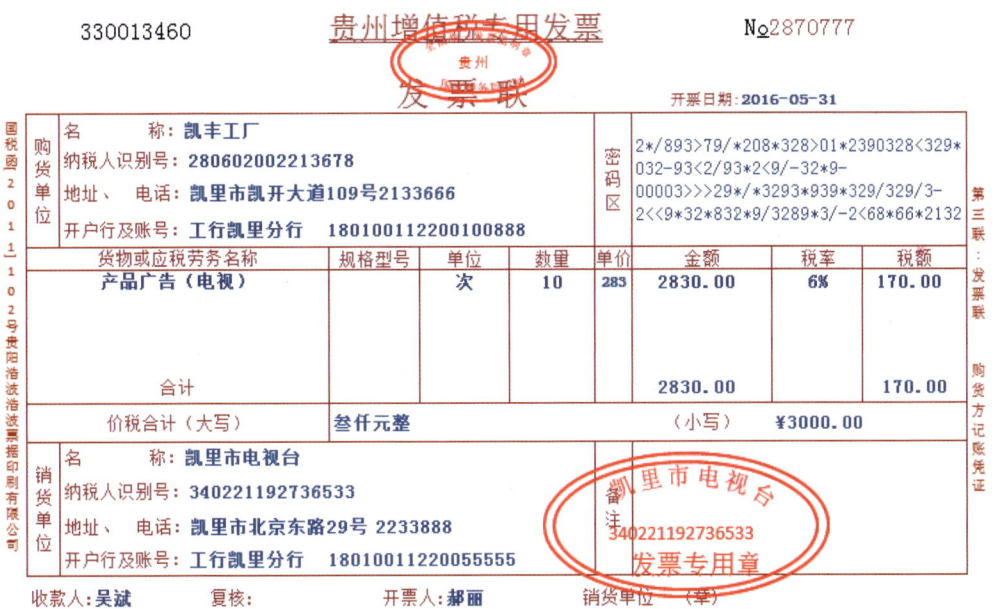

实训五 错账更正 33

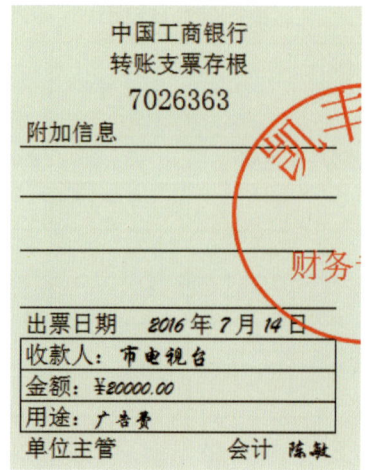

记账凭证

2016年7月14日　　　　　　　　记字36 号

摘 要	总账科目	明细科目	借方金额 十万千百十元角分	贷方金额 十万千百十元角分	
支付广告费	销售费用	广告费	2 0 0 0 0 0		附件2张
	银行存款			2 0 0 0 0 0	
	合　　计		￥ 2 0 0 0 0 0	2 0 0 0 0 0	

记账 陈敏　　　出纳 王林　　　复核 石伟　　　制单 陈敏

记账凭证

　年　月　日　　　　　　　　记字　号

摘 要	总账科目	明细科目	借方金额 十万千百十元角分	贷方金额 十万千百十元角分	
					附件张
	合　　计				

记账　　　出纳　　　复核　　　制单

银行存款 日记账

2016年		凭证号数	摘要	借方	贷方	借或贷	余额
月	日						
			承前页	53 000	32 600	借	154 000
7	14	记36	支付电视广告费		2 000	借	152 000

总 账

会计科目 **销售费用**

2016年		凭证号数	摘要	借方	贷方	借或贷	余额
月	日						
7	14	记36	支付电视广告费	2 000		借	2 000

3．7月28日，厂部购买办公用品325元，付现金。

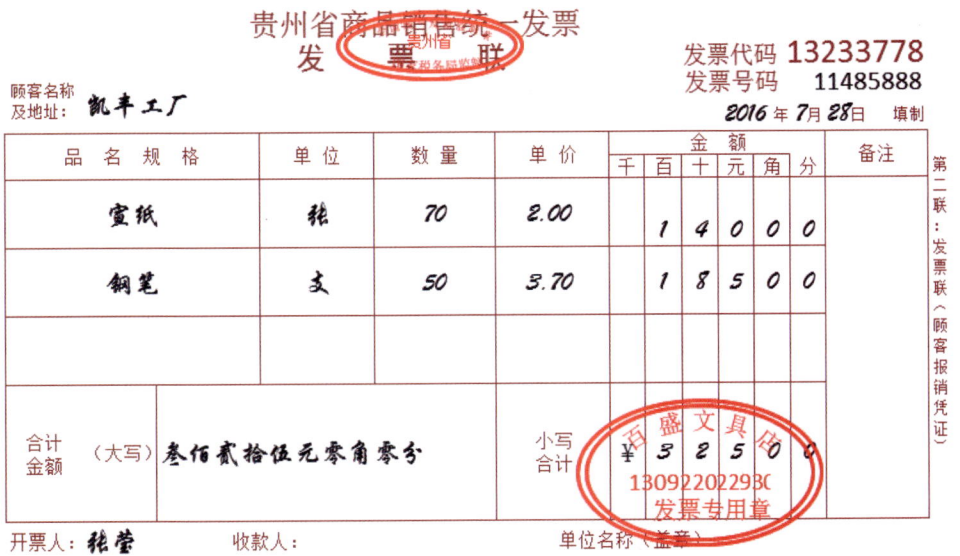

记账凭证

2016年7月28日　　　　　　　　　记字57号

摘要	总账科目	明细科目	借方金额								贷方金额							
			十	万	千	百	十	元	角	分	十	万	千	百	十	元	角	分
购办公用品	管理费用	办公费				3	5	2	0	0								
	库存现金													3	5	2	0	0
	合计				¥	3	5	2	0	0				3	5	2	0	0

记账 陈敏　　出纳 王林　　复核 石伟　　制单 陈敏

附件 1 张

记账凭证

年　月　日　　　　　　　　　记字　号

摘要	总账科目	明细科目	借方金额								贷方金额							
			十	万	千	百	十	元	角	分	十	万	千	百	十	元	角	分
	合计																	

记账　　出纳　　复核　　制单

附件 张

现金 日记账

2016年		凭证号数	摘要	借方	贷方	借或贷	余额
月	日						
			承前页	6860	6500	借	1 170
7	28	记57	购办公用品		352	借	818

总　账

会计科目 **管理费用**

2016年		凭证号数	摘　要	借方	贷方	借或贷	余额
月	日						
			前略			借	25 600
7	28	记57	购办公用品	352		借	25 952

4．7月30日，银行通知300 000流动资金借款已入账。记账凭证无误，登账时误记入短期借款账户的借方（记账凭证略，附总账账页一张）。

总　账

会计科目 **短期借款**

2016年		凭证号数	摘　要	借方	贷方	借或贷	余额
月	日						
7	1		期初余额			贷	50 000
7	30		取得贷款	300 000			

随手笔记

实训六　账务处理程序

（一）实训目的：掌握科目汇总表的编制。

（二）实训要求：编制科目汇总表。

科目汇总表
年　　月　　日

科目名称	借方金额	贷方金额

（三）实训资料：

某企业 2016 年 6 月发生了以下经济业务，并已填制了记账凭证（会计分录簿代替）如下表所示：

2016 年		凭证种类	摘 要	会计科目	借方	贷方
月	日					
6	1	转账 1		在途物资 应付账款	15 000	 15 000
	5	付款 1		在途物资 银行存款	40 000	 40 000
	6	转账 2		原材料 在途物资	15 000	 15 000
	8	付款 2		短期借款 银行存款	50 000	 50 000
	10	付款 3	（略）	应付账款 银行存款	15 000	 15 000
	12	付款 4		现金 银行存款	5 000	 5 000
	15	收款 1		银行存款 主营业务收入	120 000	 120 000
	15	付款 5		管理费用 银行存款	3 000	 3 000
	20	收款 2		银行存款 主营业务收入	180 000	 180 000
	22	转账 4		应收账款 主营业务收入	8 000	 8 000
	25	转账 5		生产成本 原材料	35 000	 35 000
	28	转账 6		管理费用 原材料	3 000	 3 000

实训七 期末处理

（一）实训目的：掌握账簿登记的基本规则与结账方法。

（二）实训要求：

1. 根据记账规则的要求，将"应付账款"账中的有关内容资料登记完整。
2. 月末，结出本月发生额及月末余额。
3. 年终，结出本年累计发生额及年末余额。
4. 年终，将本年余额结转下年，开设下年新账页。

（三）实训资料：

凯丰工厂的"应付账款"账户的有关资料如下：

总分类账户

账户名称：应付账款

2016年		凭证号数	摘要	借方	贷方	借或贷	余额
月	日						
			承前页	230 560	258 473	贷	795 900
11	30	银付50	偿还	50 100		贷	745 800
	30		本月发生额及余额	473 650	502 820	贷	745 800
	30		累计	4 880 340	5 105 700	贷	745 800
12	1		期初余额			贷	745 800
12	7		购料		36 000	贷	
12	13		购料		385 000		
12	18		偿还	173 000			
12	20		购料		24 700		
12	23		偿还	61 900			

账户名称：应付账款

2016年		凭证号数	摘要	借方	贷方	借或贷	余额
月	日						
12	24		偿还货款	42 600			
12	28		购料		211 300		
12	30		偿还货款	180 000			

总分类账户

账户名称：应付账款

2017年		凭证号数	摘要	借方	贷方	借或贷	余额
月	日						

实训八　财产清查

一、银行存款余额调节表的编制

（一）实训目的：掌握银行存款余额调节表的编制方法。

（二）实训要求：

1. 将银行存款日记账与银行对账单进行核对，找出未达账项。
2. 编制 3 月份的银行存款余额调节表，确定该企业的银行存款实有余额。

银行存款余额调节表

项目	金额	项目	金额
银行存款日记账余额 加： 减：		银行对账单余额 加： 减：	
调节后的存款余额		调节后的存款余额	

（三）实训资料：

凯丰工厂 6 月份 21-30 日银行存款日记账账面余额和银行对账单如下：

银行存款日记账

2016年		凭证号	结算凭证		摘　要	借方	贷方	借或贷	余额
月	日		种类	号数					
					承前页			借	168 000
	21	略	转支	#3469	购入甲材料		20 000	借	148 000
	23		现支	#3061	提备用金		2 000		146 000
	24		转托	#2130	支付水电费		6 000		140 000
	28		转支	#1402	销售产品	10 000			150 000
	29		转支	#3470	偿还货款		100 000		50 000
	30		现支	#3062	预付差旅费		3 000		47 000
	30				本月合计				47 000

中国工商银行凯里分行
银行对账单

打印机构：工行凯里分行　　　　　　　　打印日期：20160630

单位名称：凯丰工厂　　　　　　　　　　账　　号：18010011220010088
起止日期：20160621-20160630　　　　　上月余额：

日期	摘要	结算凭证号	借方发生额	贷方发生额	余额
20160621					168000.00
20160621	购入甲材料		20000.00		148000.00
20160623	提备用金		2000.00		146000.00
20160624	支付水电费		6000.00		140000.00
20160626	银行手续费		50.00		139950.00
20160628	销售产品			10000.00	149950.00
20160629	偿还货款		100000.00		49950.00
20160630	周转借款			50000.00	99950.00

（印章：中国工商银行凯里分行 2016.06.30 业务办讫）

二、练习财产清查结果的账务处理

（一）实训目的：练习财产清查结果的账务处理。

（二）实训要求：根据资料作批准前和批准后的账务处理。

（三）实训资料：

1. 凯丰工厂2016年底对原材料进行财产清查后，根据盘存单和有关账簿记录编制"账存实存对比表"如下：

账存实存对比表
2016年12月

名称及规格	计量单位	单价	实际盘存 数量	实际盘存 金额	账面盘存 数量	账面盘存 金额	对比结果 盘盈	对比结果 盘亏	备注
三防漆	千克	450	130	58 500	134	60 300		1 800	计量差错
塑胶	千克	1100	120	132 000	300	330 000		198 000	自然灾害损失
耐高温涂料	千克	40	460	18 400	600	24 000		5 600	管理不善丢失
线麻	千克	1500	2.2	3 300	2	3 000	300		自然升量

2. 上列盘盈、盘亏报经审批后予以转销，批复意见如下：

（1）计量差错和自然升量列为费用。

（2）因自然灾害毁损的材料，由保险公司赔偿80%，尚未收款，余者列营业外支出。

（3）因管理不善造成的损失，由保管员赔偿5%，余者列费用。

记账凭证

　　　　　　　　　　年　月　日　　　　　　　　　记字　号

摘 要	总账科目	明细科目	借方金额									贷方金额								
			十	万	千	百	十	元	角	分	十	万	千	百	十	元	角	分
	合　计																	

附件　张

记账　　　　出纳　　　　　　复核　　　　　　制单

记账凭证

　　　　　　　　　　年　月　日　　　　　　　　　记字　号

摘 要	总账科目	明细科目	借方金额									贷方金额								
			十	万	千	百	十	元	角	分	十	万	千	百	十	元	角	分
	合　计																	

附件　张

记账　　　　出纳　　　　　　复核　　　　　　制单

记账凭证

　　　　　　　　　　年　月　日　　　　　　　　　记字　号

摘 要	总账科目	明细科目	借方金额									贷方金额								
			十	万	千	百	十	元	角	分	十	万	千	百	十	元	角	分
	合　计																	

附件　张

记账　　　　出纳　　　　　　复核　　　　　　制单

记账凭证

年　月　日　　　　　　　　记字　号

摘　要	总账科目	明细科目	借方金额									贷方金额								
			十	万	千	百	十	元	角	分	十	万	千	百	十	元	角	分
	合　计																	

附件　张

记账　　　　出纳　　　　　　复核　　　　　　制单

记账凭证

年　月　日　　　　　　　　记字　号

摘　要	总账科目	明细科目	借方金额									贷方金额								
			十	万	千	百	十	元	角	分	十	万	千	百	十	元	角	分
	合　计																	

附件　张

记账　　　　出纳　　　　　　复核　　　　　　制单

记账凭证

年　月　日　　　　　　　　记字　号

摘　要	总账科目	明细科目	借方金额									贷方金额								
			十	万	千	百	十	元	角	分	十	万	千	百	十	元	角	分
	合　计																	

附件　张

记账　　　　出纳　　　　　　复核　　　　　　制单

记账凭证

年　月　日　　　　　　　　记字　号

摘　要	总账科目	明细科目	借方金额									贷方金额								
			十	万	千	百	十	元	角	分	十	万	千	百	十	元	角	分
	合　计																		

记账　　　　出纳　　　　　　复核　　　　　　制单

附件　　张

记账凭证

年　月　日　　　　　　　　记字　号

摘　要	总账科目	明细科目	借方金额									贷方金额								
			十	万	千	百	十	元	角	分	十	万	千	百	十	元	角	分
	合　计																		

记账　　　　出纳　　　　　　复核　　　　　　制单

附件　　张

记账凭证

年　月　日　　　　　　　　记字　号

摘　要	总账科目	明细科目	借方金额									贷方金额								
			十	万	千	百	十	元	角	分	十	万	千	百	十	元	角	分
	合　计																		

记账　　　　出纳　　　　　　复核　　　　　　制单

附件　　张

实训八　财产清查

随手笔记

实训九　财务报表的编制

一、练习资产负债表的编制（1）

（一）实训目的：掌握资产负债表的编制方法。

（二）实训要求：根据上述资料计算资产负债表中的"存货""应收账款""预付账款""应付账款""预收账款""固定资产""一年内到期的长期负债""长期借款""应付债券"项目的金额。

资产负债表

编制单位：　　　　　　　　　　　　　年　月　日　　　　　　　　　　　　会企01表
　　　　　　　　　　　　　　　　　　　　　　　　　　　　　　　　　　　　单位：元

资　　产	期末余额	年初余额	负债和所有者权益	期末余额	年初余额
流动资产：			流动负债：		
货币资金			短期借款		
以公允价值计量且其变动计入当期损益的金融资产			以公允价值计量且其变动计入当期损益的金融负债		
应收票据			应付票据		
应收账款			应付账款		
预付款项			预收账款		
应收股利			应付职工薪酬		
应收利息			应交税费		
其他应收款			应付利息		
存货			应付股利		
一年内到期的非流动资产			其他应付款		
其他流动资产			一年内到期的长期负债		
流动资产合计			其他流动负债		
非流动资产：			流动负债合计		
可供出售金融资产			非流动负债：		
持有至到期投资			长期借款		
长期应收款			应付债券		
长期股权投资			长期应付款		
投资性房地产			专项应付款		

续表

资　　产	期末余额	年初余额	负债和所有者权益	期末余额	年初余额
固定资产			预计负债		
在建工程			递延收益		
工程物资			递延所得税负债		
固定资产清理			其他非流动负债		
生产性生物资产			非流动负债合计		
油气资产			负债合计		
无形资产			所有者权益：		
开发支出			实收资本（或股本）		
商誉			资本公积		
长期待摊费用			减：库存股		
递延所得税资产			其他综合收益		
其他长期资产			盈余公积		
非流动资产合计			未分配利润		
			所有者权益合计		
资产总计			负债和所有者权益总计		

（三）实训资料：

凯辉公司 2016 年 12 月 31 日，相关账户的余额如下：

1．"材料采购"账户借方余额 40 000 元。

2．"库存商品"账户借方余额 30 000 元。

3．"原材料"账户借方余额 70 000 元。

4．"包装物"账户借方余额 5 000 元。

5．"应收账款"总账余额为 80 000 元，其中"应收账款——宏达公司"借方余额 65 000 元，"应收账款——发展集团"借方余额 15 000 元。

6．"应付账款"总账余额为 65 400 元，其中"应付账款——凯利公司"贷方余额 85 000 元，"应付账款——腾龙公司"借方余额为 19 600 元。

7．"预收账款"总账余额为 56 000 元，其中"预收账款——A 公司"贷方余额 76 000 元，"预收账款——B 公司"借方余额为 20 000 元。

8．"固定资产"总账余额为借方 1 500 000，"累计折旧"总账余额为贷方 130 000 元。

9．"长期借款"总账余额为 120 000，其中有 70 000 元将于 2017 年 5 月偿还。

10．"应付债券"总账余额为贷方 400 000，其中有 150 000 元将于 2017 年 6 月 30 日到期。

二、练习资产负债表的编制（2）

（一）实训目的：掌握资产负债表的编制方法。

（二）实训要求：根据上列资料编制资产负债表。

资产负债表

编制单位：　　　　　　　　　　　　　年　月　日　　　　　　　　　　　会企01表
　　　　　　　　　　　　　　　　　　　　　　　　　　　　　　　　　　　单位：元

资　产	期末余额	年初余额	负债和所有者权益	期末余额	年初余额
流动资产：			流动负债：		
货币资金			短期借款		
以公允价值计量且其变动计入当期损益的金融资产			以公允价值计量且其变动计入当期损益的金融负债		
应收票据			应付票据		
应收账款			应付账款		
预付款项			预收账款		
应收股利			应付职工薪酬		
应收利息			应交税费		
其他应收款			应付利息		
存货			应付股利		
一年内到期的非流动资产			其他应付款		
其他流动资产			一年内到期的长期负债		
流动资产合计			其他流动负债		
非流动资产：			流动负债合计		
可供出售金融资产			非流动负债：		
持有至到期投资			长期借款		
长期应收款			应付债券		
长期股权投资			长期应付款		
投资性房地产			专项应付款		
固定资产			预计负债		
在建工程			递延收益		
工程物资			递延所得税负债		
固定资产清理			其他非流动负债		
生产性生物资产			非流动负债合计		
油气资产			负债合计		
无形资产			所有者权益：		
开发支出			实收资本（或股本）		
商誉			资本公积		
长期待摊费用			减：库存股		
递延所得税资产			其他综合收益		

续表

资　产	期末余额	年初余额	负债和所有者权益	期末余额	年初余额
其他长期资产			盈余公积		
非流动资产合计			未分配利润		
			所有者权益合计		
资产总计			负债和所有者权益总计		

（三）实训资料：凯丰工厂2016年12月31日的有关资料。

1．年末结账后总分类账户余额如下表：

账户名称	年初数	年末数	账户名称	年初数	年末数
库存现金	900	800	短期借款	120000	123000
银行存款	78100	98400	应付账款	62500	65100
应收账款	77400	88200	预收账款	2500	2900
预付账款	12300	14000	应付职工薪酬	6323	7572
其他应收款	5050	5800	应付股利	19810	21100
原材料	98260	112200	应交税金	8427	9078
生产成本	89100	78400	其他应付款	3200	3600
库存商品	93290	96200	应付利息	5640	6200
固定资产	452000	497000	累计折旧	60000	88000
无形资产	30000	27000	长期借款	220000	240000
			实收资本	400000	400000
			盈余公积	2000	5679
			本年利润		40871
			利润分配 -- 未分配利润	26000	4900
合计	936 400	1018 000	合计	936 400	1018000

2．有关明细分类账户余额如下：

	年初数	年末数
（1）应收账款明细分类账借方余额	84 000	96 000
应收账款明细分类账贷方余额	6 600	7 800
（2）应付账款明细分类账借方余额	5 500	6 900
应付账款明细分类账贷方余额	68 000	72 000
（3）长期借款账户中一年内到期借款	20 000	30 000

三、练习利润表的编制

（一）实训目的：掌握利润表的编制方法。

（二）实训要求：根据上述资料编制损益表。

（三）实训资料：凯丰工厂2016年6月有关账户的资料如下：

总分类账户发生额表

会计科目	1-5月份	6月份
主营业务收入	1 120 000	180 000
其他业务收入	25 000	10 000
投资收益	26 000	0
营业外收入	24 000	4 000
主营业务成本	620 000	120 000
营业税金及附加	16 000	3 000
其他业务成本	22 000	8 000
销售费用	26 000	4 000
管理费用	95 000	20 000
财务费用	46 000	2 000
营业外支出	28 000	12 000

利润表

会企02表

编制单位：　　　　　　　　　　　年　月　　　　　　　　　　单位：元

项　　目	本期金额	上期金额
一、营业收入		
减：营业成本		
税金及附加		
销售费用		
管理费用		
财务费用		
资产减值损失		
加：公允价值变动损益（损失以"-"号填列）		
投资收益（损失以"-"号填列）		
其中：对联营企业和合营企业的投资收益		
二、营业利润（亏损以"-"号填列）		
加：营业外收入		
其中：非流动资产处置得利		
减：营业外支出		
其中：非流动资产处置损失		
三、利润总额（亏损总额以"-"号填列）		
减：所得税费用		
四、净利润（净亏损总额以"-"号填列）		
五、其他综合收益的税后净额		
六、综合收益总额		

续表

项　　目	本期金额	上期金额
（一）以后不能重分类进损益的其他综合收益		
（二）以后将重分类进损益的其他综合收益		
七、每股收益：		
（一）基本每股收益		
（二）稀释每股收益		

实训十　综合实训

实训资料一：凯丰工厂总分类账户 2016 年 11 月末余额如下所示：

账户名称	借方余额	账户名称	贷方余额
现金	5 160	累计折旧	14 913
银行存款	249 000	短期借款	50 000
应收账款	50 000	应付账款	80 000
其他应收款	1 000		
原材料	120 000	应交税金	2 160
库存商品	242 198	实收资本	2 500 000
固定资产	1 943 915	盈余公积	76 000
无形资产	120 000	利润分配	8 200
合计	2 731 273	合计	2 731 273

实训资料二：凯丰工厂明细分类账户的 2016 年 11 月末余额如下：

1. 原材料明细账

品名	单位	数量	单价	金额
甲材料	千克	10 000	10	100 000
乙材料	千克	4 000	5	20 000
合计				120 000

2. 库存商品明细账

品名	单位	数量	单价	金额
A 产品	件	200	379.24	75 848
B 产品	件	100	1 663.5	166 350
合计				242 198

3. 应收账款明细账

华润工厂 10 000 元　　五星工厂 40 000 元

4. 应付账款明细账

新鑫公司 50 000 元　　大华公司 30 000 元

5. 其他应收款明细账

王小波 1 000 元

实训资料三：凯丰工厂在 2016 年 12 月份发生以下经济业务：

1.

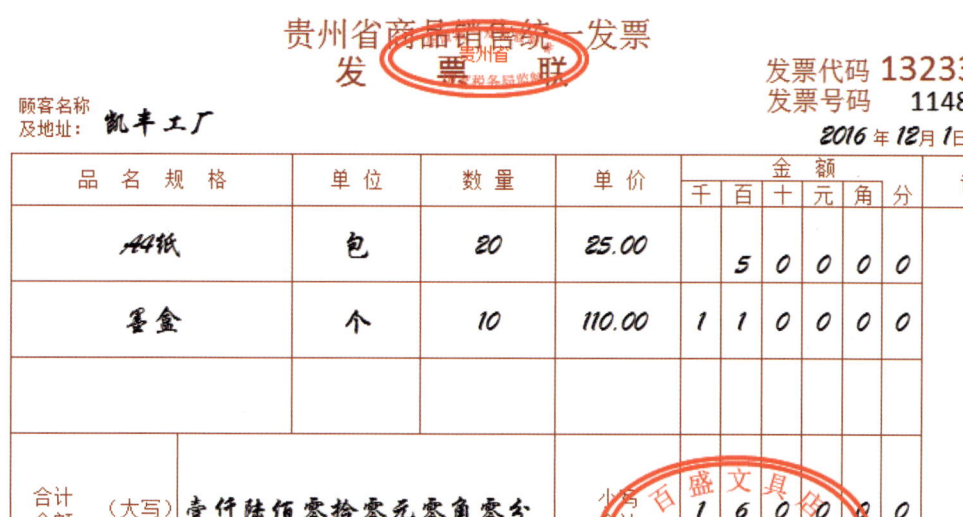

2.

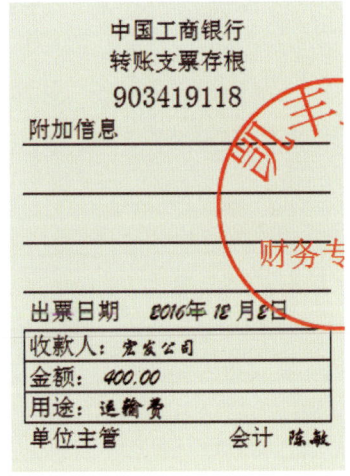

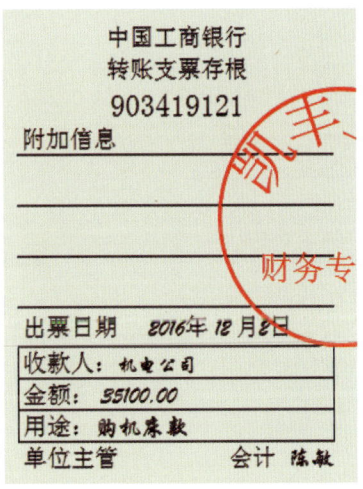

3.

收款收据 No.00011668

2016 年 12 月 7日

收款单位	凯丰工厂		交款单位	远大公司	
金额（大写）	贰拾万元整			百十万千百十元角分 ¥ 2 0 0 0 0 0 0 0	
事由	货币资金投资。（转账支票）				
收款单位	主管	会计		出纳	陈敏

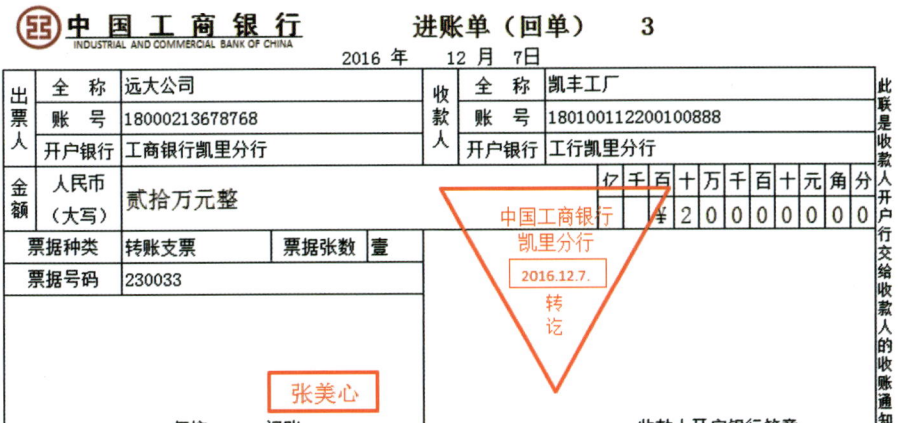

4.

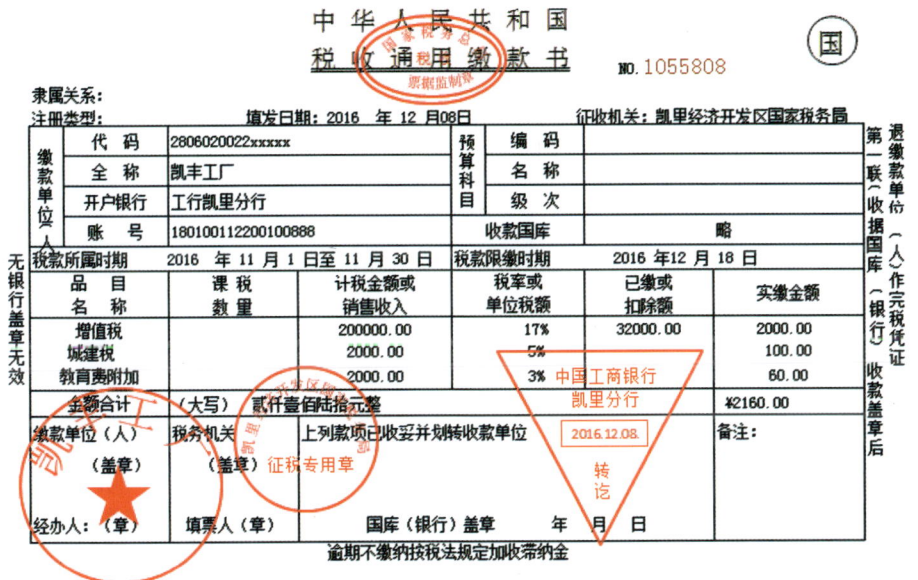

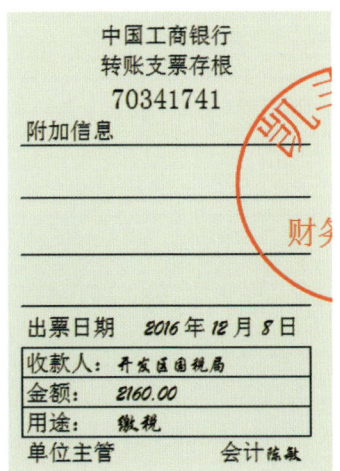

5.

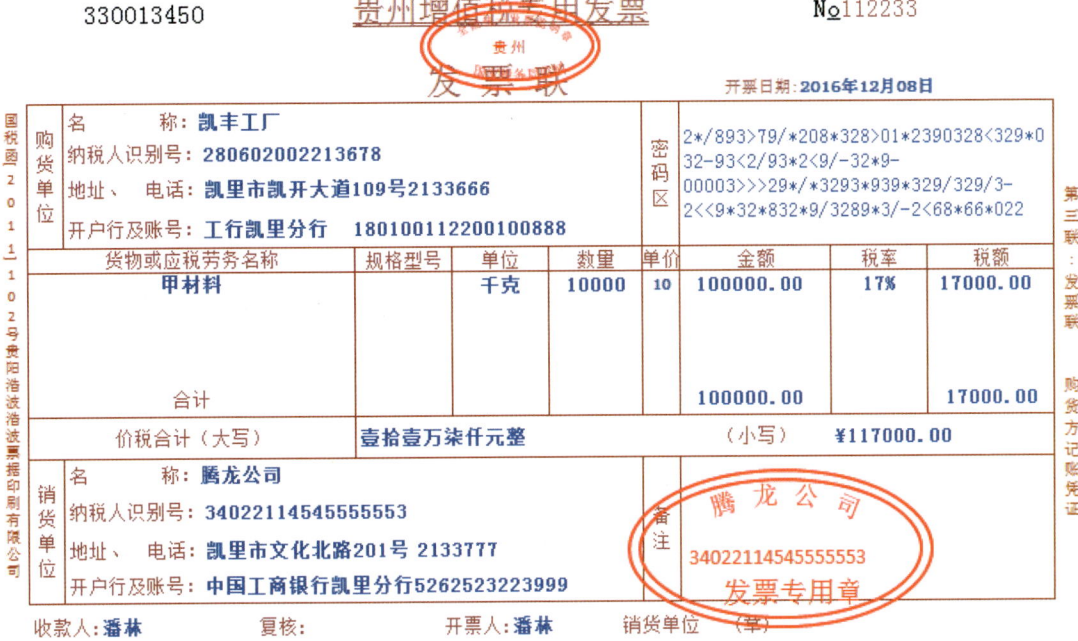

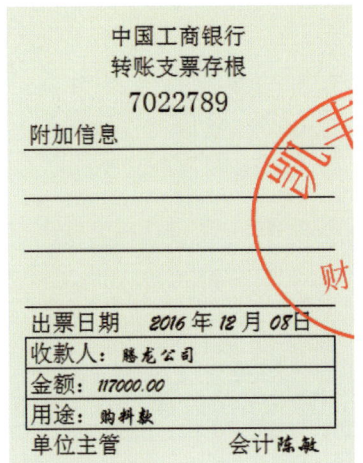

6.

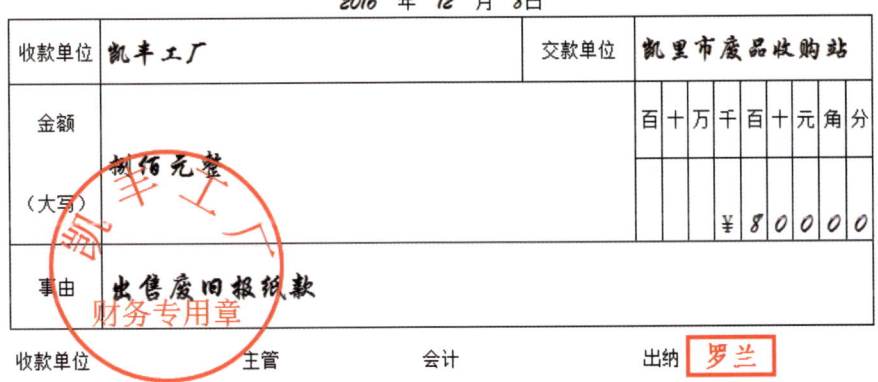

7.

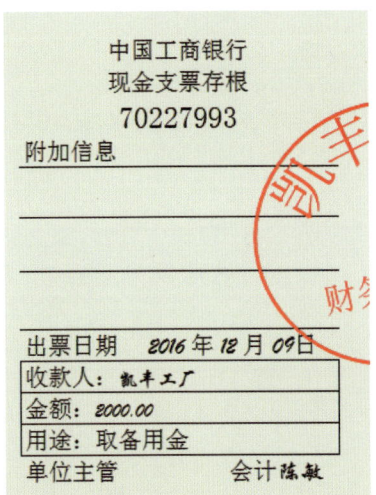

8.

中国工商银行
借款凭证（回单）　3

单位编号：0202　　　　日期：2016年12月12日　　　　银行编号：11113

借款人	名称	凯丰工厂	收款人	名称	凯丰工厂
	账号	0275256311111		账号	0275256888888
	开户银行	中国工商银行凯里分行		开户银行	中国工商银行凯里分行

借款期限（最后还款日）	2018年12月12日	利率	12.00%	起息日期	

借款申请金额	人民币（大写）	贰拾万元整		￥200000.00

借款原因及用途	购置固定资产借款	银行核定金额	￥200000.00

期限	计划还款日期	计划还款金额	分次还款记录	期次	还款日期	还款金额	结欠
1							
2							
3							
4							

备注：

上述借款业务已同意贷给并转入你单位往来账户，借款到期时应按期归还。

（银行盖章）

中国工商银行凯里分行 2016.12.12 转讫

张美心

9.

借 款 单

No.0008889

2016 年 12 月 13 日

借款人	李红	借款原因	出差							
金额（大写）	贰仟元整			百	十	万	千	百	十	元	角	分
							￥2	0	0	0	0	0
领导审批	同意　石云 2016.12.13.	归还方式	回来即刻报销							

10.

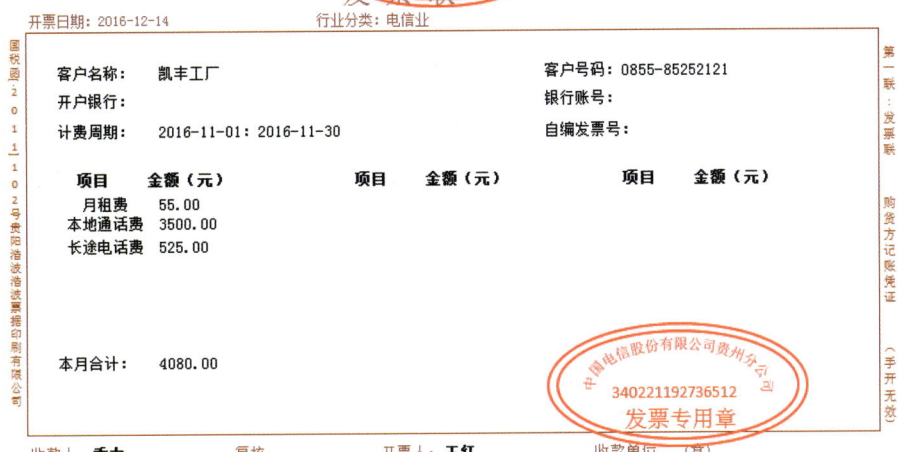

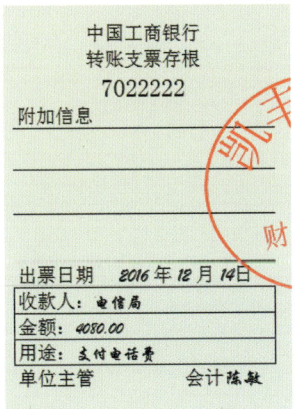

11.

货物或应税劳务名称	规格型号	单位	数量	单价	金额	税率	税额
乙材料		千克	2500	5	12500.00	17%	2125.00
合计					12500.00		2125.00

价税合计（大写）：壹万肆仟陆佰贰拾伍元整　（小写）¥14625.00

购货单位：凯丰工厂
纳税人识别号：280602002213678
地址、电话：凯里市凯开大道109号 2133666
开户行及账号：工行凯里分行 180100112200100888

销货单位：大华公司
纳税人识别号：34022118888113
地址、电话：凯里市清江路1号 2133456
开户行及账号：中国工商银行凯里分行 526777777

开票日期：2016年12月15日
No 334455

收款人：王红　复核：　开票人：王红

贵州增值税专用发票

No 334455

抵扣联

开票日期：2016年12月15日

购货单位	名称：凯丰工厂 纳税人识别号：280602002213678 地址、电话：凯里市凯开大道109号2133666 开户行及账号：工行凯里分行 180100112200100888	密码区	2*/893>79/*208*328>01*2390328<329* 032-93<2/93*2<9/-32*9- 00003>>>29*/*3293*939*329/329/3- 2<<9*32*832*9/3289*3/-2<68*66*2132

货物或应税劳务名称	规格型号	单位	数量	单价	金额	税率	税额
乙材料		千克	2500	5	12500.00	17%	2125.00
合计					12500.00		2125.00

价税合计（大写）　壹万肆仟陆佰贰拾伍元整　　（小写）¥14625.00

销货单位	名称：大华公司 纳税人识别号：34022118888113 地址、电话：凯里市清江路1号 2133456 开户行及账号：中国工商银行凯里分行526777777	备注	大华公司 34022118888113 发票专用章

收款人：王红　　复核：　　开票人：王红　　销货单位：（章）

收料单

编号：1201

材料科目：原材料
材料类型：原料及主要材料
供应单位：大华公司　　2016年12月15日

材料编号	材料名称	规格	计量单位	数量		单价	实际成本		
				应收	实收		发票金额	运费	合计
	乙材料		千克	2500	2500	5.00	12500.00		12500.00
备注							合计	¥12500.00	

制单　周华

12. 4日从腾龙公司购买的甲材料到达企业，验收入库。

收料单

编号：1202

材料科目：原材料
材料类型：原料及主要材料
供应单位：腾龙公司　　2016年12月4日

材料编号	材料名称	规格	计量单位	数量		单价	实际成本		
				应收	实收		发票金额	运费	合计
	甲材料		千克	10000	10000	10.00	100000.00		100000.00
备注							合计	¥100000.00	

制单　周华

13.

贵州增值税专用发票

3300133130　　　　　　　　　　　　　　　　　　No 18700557

此联不作报销、扣税凭证使用　　　　开票日期：2016年12月18日

购货单位	名称：	凯里市五星工厂				密码区	6*/893>79/*208*328>23-9*2390328<329*032-93<2/93*2<9/32*9-03>>>29*/*3293939*329/329/3-2<<<9*32*832*9/3289*3/-2<<<68*66***6/6//		
	纳税人识别号：	360801001112248							
	地址、电话：	凯里市韶山南路17号xx-27708086							
	开户行及账号：	工商银行凯里分行52001663636050002100							
货物或应税劳务名称		规格型号	单位	数量	单价	金额		税率	税额
A产品			件	250	550	137500.00		17%	23375.00
合计						¥137500.00			¥23375.00
价税合计（大写）		壹拾陆万零捌佰柒拾伍元整				（小写）		¥160875.00	
销货单位	名称：	凯丰工厂				备注	凯丰工厂 280602002213678 发票专用章		
	纳税人识别号：	280602002213678							
	地址、电话：	凯里市凯开大道109号2133666							
	开户行及账号：	工行凯里分行520013663636050004208							
收款人：		复核：		开票人：许月宏		销货单位　（章）			

中国工商银行 进账单（回单）　3

2016年12月18日

出票人	全称	凯里市五星工厂			收款人	全称	凯丰工厂											
	账号	52001663636050002100				账号	520013663636050004208											
	开户银行	工商银行凯里分行				开户银行	工商银行凯里分行											
金额	人民币（大写）	壹拾陆万零捌佰柒拾伍元整			中国工商银行凯里分行 2016.12.18. 转讫			亿	千	百	十	万	千	百	十	元	角	分
								¥	1	6	0	8	7	5	0	0	
票据种类		转账支票	票据张数	壹													
票据号码																	
		复核　　记账 张美心				收款人开户银行签章											

14.

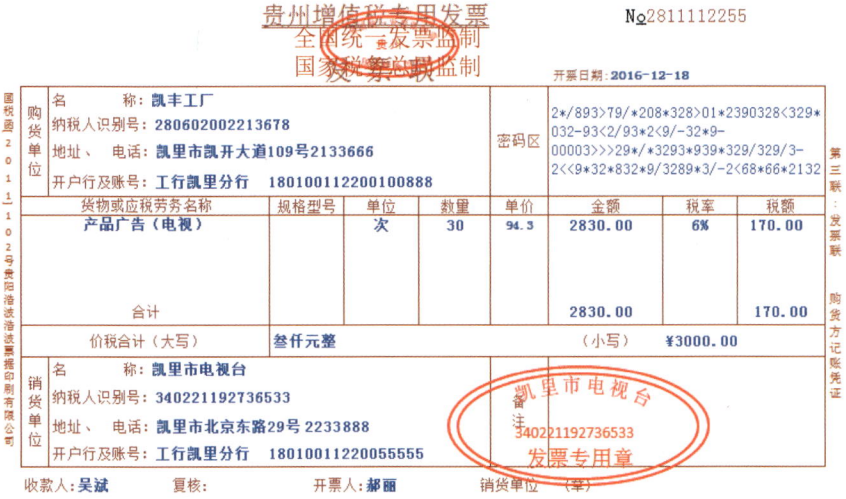

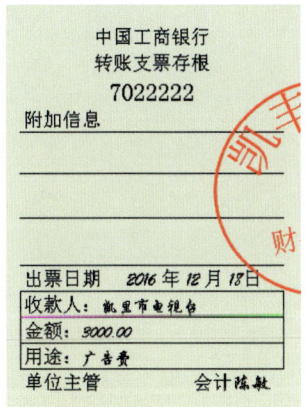

15.

16.

收款收据   No.1001155

2016 年 12 月 22 日

收款单位	凯丰工厂	交款人	职工王小波
金额（大写）	壹仟元整		￥1 000 00
事由	归还借款		
收款单位	主管	会计	出纳 潘杰

（财务专用章：凯丰工厂）

17.

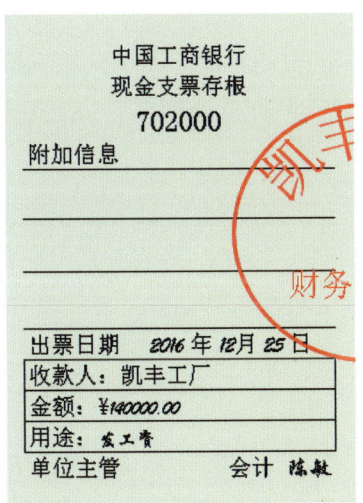

中国工商银行
现金支票存根
702000

附加信息

出票日期 2016 年 12 月 25 日
收款人：凯丰工厂
金额：￥140000.00
用途：发工资
单位主管　　会计 陈敏

18. 以现金发放本月职工工资。

工资结算汇总表

2016 年 12 月 25 日

部门	计时工资	计件工资	津贴	奖金	应扣工资		应付工资
					事假	病假	
生产 A 产品		32 000	20 000	8100	60	40	60 000
生产 B 产品		28 000	10 000	2 000			40 000
车间管理人员	23 500						23 500
行政管理人员	16 500						16 500
合计	40 000	60 000	30 000	10 100	60	40	140 000

制单：陈敏

19.

收 款 收 据   No.00017797

2016 年 12 月 26 日

收款单位	凯里市福利院		交款单位	凯丰工厂							
金额	伍仟元整				百	十	万	千	百	十	元	角	分
（大写）								¥	5	0	0	0	0	0
事由	捐赠款												
收款单位	主管	会计	出纳	王林									

20.

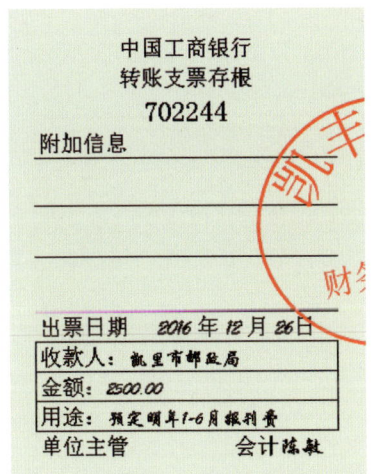

21.

收 款 收 据   No.1001159

2016 年 12 月 26 日

收款单位	凯丰工厂		交款人	职工李红							
金额	壹佰贰拾元整				百	十	万	千	百	十	元	角	分
（大写）									¥	1	2	0	0	0
事由	归还差旅费多余款（冲销李红原借款2000元）												
收款单位	主管	会计	出纳	潘杰									

差旅费报销单

2016年12月26日 填

月	日	时间	出发地	月	日	时间	到达地	机票费	车船费	卧铺费	夜行车补助 小时	夜行车补助 金额	市内交通费 实支	市内交通费 包干	住宿费 标准	住宿费 实支	出差补助 天数	出差补助 金额	其他	合计
12	14		凯里	12	14		长沙	200.00										80.00		280.00
12	15		长沙	12	18		长沙									600.00		520.00	400.00	1520.00
12	19		长沙	12	19		凯里	200.00										80.00		280.00
		合计						400.00								600.00		480.00	400.00	1880.00

出差任务	到长沙出差	报销金额（大写）	人民币：壹仟捌佰捌拾零元零角零分	预借金额	2000.00
		单位领导	同意 郭朝旭 11.20 部门负责人 陈宫 出差人 李红	报销金额	1880.00
				结余或超支	120.00

会计主管 李祥 记账 出纳 王洪 附单据 22 张

22.

工资费用分配汇总表
2016 年 12 月 31 日

车间、部门		应分配金额
车间生产人员工资	生产 A 产品	60 000
	生产 B 产品	40 000
	生产人员工资小计	100 000
车间管理人员		23 500
行政管理人员		16 500
合计		140 000

审核：　　　　　　　　　　　　　　　制单：陈敏

23.

固定资产折旧计算表
2016 年 12 月 31 日

使用单位部门	上月折旧额	上月增加固定资产应计提折旧额	上月减少固定资产应计提折旧额	本月应计提折旧额
生产车间	3 000	600	400	3 200
厂部	1 400		100	1 300
合计	4 400	600	500	4 500

制单：陈敏

24.

发料凭证汇总表

2016 年 12 月 31 日

日期	领料单张数	贷方科目	借方科目				合计
			生产成本		制造费用	管理费用	
			A 产品	B 产品			
1～10 日	18	原材料		20 000	1 000	2 000	23 000
11～20 日	15	原材料	20 000	16 000	3 000		39 000
21～30 日	16	原材料	90 000	44 000	2 000	1 000	137 000
合计	49		110 000	80 000	6 000	3 000	199 000

记账：王凯　　　　审核：吴兵　　　　制单：陈敏

25.

制造费用分配表

2016 年 12 月 31 日

分配对象	分配标准	分配率	分配金额
A 产品	60 000		19 620
B 产品	40 000		13 080
合计	100 000	0.327	32 700

制表：陈敏

26.

利息费用计提表

2016 年 12 月 31 日

项目	本金	年利息率	本月计提金额	备注
银行借款利息	50 000 200 000	9% 12%	375.00 1 267.00	
合计			1 642.00	

制表：陈敏

27．结转生产完工验收入库产品成本。

完工产品成本计算表

2016 年 12 月 31 日

成本项目	A 产品（500 件）		B 产品（80 件）	
	总成本	单位成本	总成本	单位成本
直接材料费	110 000		80 000	
直接人工	60 000		40 000	
其他直接费	—		—	
制造费用	19 620		13 080	
合计	189 620	379.24	133 080	1 663.5

制表：陈敏

28．31 日，计算并结转本月应交城建税、教育费附加。

29．31 日，结转本月销售产品成本。

凯丰工厂产品出库单

2016 年 12 月 31 日

货号	名称及规格	单位	数量	单价	金额	备注
	A 产品	件	250			
	B 产品	件	60			
	合计					

审核：王奇　　　　　　　　　　　　　制表人：王瑞

已销产品成本计算表

2016 年 12 月 31 日

产品名称	计量单位	月初结存		本月入库		本月销售	
		数量	总成本	数量	总成本	数量	总成本
A 产品	件			500		250	
B 产品	件			80		60	
合计							

审核：王奇　　　　　　　　　　　　　制表人：王瑞

30．将本月实现的收入转入"本年利润"账户。

凯丰工厂内部转账单

2016 年 12 月 31 日

摘　要	金额

31．将本月支出转入"本年利润"账户。

凯丰工厂内部转账单

2016 年 12 月 31 日

摘　要	金额

32．按本月实现的利润的 25% 计算本月应交所得税金。

所得税计算表

2016 年 12 月 31 日

应纳税所得额	所得税率	应交所得税

33．将本月"所得税费用"转入"本年利润"账户。

凯丰工厂内部转账单

2016 年 12 月 31 日

摘　要	金额

34. 按税后利润的 10%，计算提取法定盈余公积。

利润分配计算表

2016 年 12 月 31 日

净利润	提取比例	法定盈余公积

35. 按税后利润的 50%，计算应付投资者利润。

利润分配计算表

2016 年 12 月 31 日

净利润	提取比例	应付利润

实训要求：

1. 根据资料 1 和资料 2 开设有关账户，并登记期初余额。
2. 根据资料 3 的原始凭证填制记账凭证。
3. 根据记账凭证逐日逐笔登记日记账。
4. 根据记账凭证及所附原始凭证登记明细账。
5. 根据记账凭证半月编制一次科目汇总表。
6. 根据科目汇总表登记总分类账。
7. 根据总分类账和明细账的记录逐账户进行月结。
8. 月末，将日记账和明细账的余额与总分类账户余额核对。
9. 根据总分类账和明细账的有关资料编制会计报表。
10. 将记账凭证按编号顺序排列，折叠整齐，加具封面，装订成册。账页、报表也应分别加具封面，装订成册。

实训所需耗材：账簿、记账凭证、报表、凭证封面、账簿封面、胶水、夹子、科目汇总表、试算平衡表等。

实训方法：学生在模拟实验室集中实训，教师指导，学生独立完成。

随手笔记